Lukas König

Zu fühlen bedeutet zu leben

Lukas König

Zu fühlen bedeutet zu leben

Meine ersten Spuren

Goldene Rakete Verlag für Belletristik

Impressum / Imprint
Bibliografische Information der Deutschen Nationalbibliothek: Die Deutsche Nationalbibliothek verzeichnet diese Publikation in der Deutschen Nationalbibliografie; detaillierte bibliografische Daten sind im Internet über http://dnb.d-nb.de abrufbar.

Bibliographic information published by the Deutsche Nationalbibliothek: The Deutsche Nationalbibliothek lists this publication in the Deutsche Nationalbibliografie; detailed bibliographic data are available in the Internet at http://dnb.d-nb.de.

Coverbild / Cover image: www.ingimage.com

Verlag / Publisher:
Goldene Rakete Verlag für Belletristik
ist ein Imprint der / is a trademark of
OmniScriptum GmbH & Co. KG
Heinrich-Böcking-Str. 6-8, 66121 Saarbrücken, Deutschland / Germany
Email: info@goldenerakete.de

Herstellung: siehe letzte Seite /
Printed at: see last page
ISBN: 978-3-639-80007-4

Titel: Zu leben bedeutet zu fühlen

Mein Name ist Lukas König und ich ergreife nun das Wort.
Mir ist seit längerem aufgefallen, dass viele Menschen ihre Gefühle verdrängen, weil Sie Angst haben diese zu zulassen.
Aber was haben wir denn von einem Leben ohne Gefühle, keine Kunst, keine Kreativität käme zur Stande und unser aller Leben in dieser Welt wäre nur noch grau.
Naja, nicht nur grau sondern auch blutig, denn was bleibt denn noch übrig wenn die schönen Dinge verschwinden!?
Aggression, Gewalt und Hass.
Deshalb möchte ich meine Gefühle vergangener Jugendjahren mit euch teilen, um euch zu berühren und wenn nötig, zu besseren Menschen zu machen.

Lasst euch nicht von den „nichtvorhandenen“ Satzzeichen stören, Gefühle passen halt nicht in ein Schema.

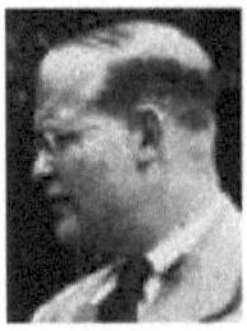 Es gibt kaum ein beglückenderes Gefühl, als zu spüren, dass man für andere Menschen etwas sein kann.

Dietrich Bonhoeffer

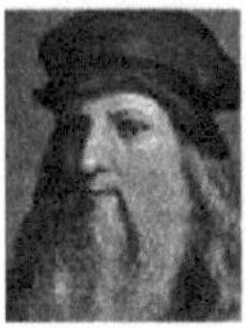 Wo viel Gefühl ist, ist auch viel Leid.

Leonardo da Vinci

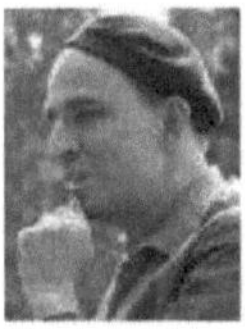 Es gibt keine Grenzen. Weder für Gedanken, noch für Gefühle. Es ist die Angst, die immer Grenzen setzt.

Ingmar Bergman

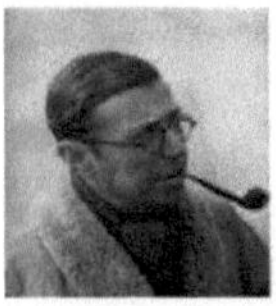 Der sensible Mensch leidet nicht aus diesem oder jenem Grunde, sondern ganz allein, weil nichts auf dieser Welt seine Sehnsucht stillen kann.

Jean-Paul Sartre

Inhaltsverzeichnis

Der Tag bereut nichts

Der Tag beginnt, die Tür geht auf.
Ich gehe Tag für Tag durch diese Gänge.
Es wird jeden Morgen mehr dunkel.
Alles nimmt so seinen Lauf,
Stunde um Stunde zieht sich in die Länge.
Tief dahinter ein glänzendes und strahlendes Gefunkel,
mit Schweif wie tausend Sterne, Glücksbringer, Wunschträger.
Nach Ihnen greife ich nun gerne
Denn der Wunsch der alle Wünsche kostbar mir macht,
wurde mir schon erfüllt.
Die Tür geht auf, der Tag beginnt.
Du lieber Tag, ich halte dir den Spiegel vor.
Dein Bild verschwimmt,
Hast du vor dir auch ein Tor?
Mir ist es eines, denn ich gehe zwar mit dir immer wieder,
doch steige ich auch durch das Tor auf einen lang ersehnten Weg
dort ringt mich nichts nieder,
weil ich mich einfach in der Liebe Arme wie auf Wolken leg.
Das Tor geht auf, der Weg beginnt,
Auf dem nicht nur meine Seele gewinnt,
aus zwei wird eins und wunderschön,
Du lieber Tag wir werden nun mit der Liebe gehen.
Das Herz geht auf, die Reise beginnt.
Wo immer noch die gleichen Kriege toben,
Sind doch jetzt meine Waffen mit Liebe gefüllt
Und getrieben von meinen Wünschen, meinen Träumen.
Aus Rüstungen werden Roben,
nun mit dieser Macht umhüllt,

Verwurzelt, Standhaft wie bei Bäumen.
Mit dem Herz voll Liebe, durch ein Zaubertor getreten,
Den Weg als Ziel genießend will ich die Reise machen,
Und wenn ich dann irgendwann sterbe,
Nichts bereuend, friedlich lachen.

Atem aller Tage

Halte ein
Du Sinnesatem aller Tage
Die Lebenszeit genannt
Rennst immer zu voran
Kannst nicht am stehen sein
Mir stellt sich hier die Frage
Welches Geschick bist du verwandt
Was für ein Wirbel, wo halte ich mich dran?
Und jeder Mensch will er standhaft sein
Gegen die Wellen des Seelenmeeres
Ob groß oder klein
Glück muss nicht halten
Muss in dir immer wieder entstehen
Egal welche Kräfte walten
Musst immer wieder Lichter sehen
Die du selbst dir entzündest
Mit dem Feuer das in dir wohnt und entflammt
So dass du nicht dem Leben kündest
Und das Leben dich nicht verletzt
Dich nur schrammt
Warm ist der Segen
Den so manches Glück dir bringt

Deine Seele wird frohlocken
Bist du von deinem Licht umringt.

Lebensstrandbild

Wir waten gedrungen durch den Sand
Windig wird der Wall, das Tor unseres Körpers gepeitscht und zerrissen
Der Planet den wir umkreisen lässt seine Schönheit im eignen Untergang erstrahlen
Durch eine Nebelwand
Erblickt er uns und wir den Horizont
Was jenseits von ihr liegt müssen wir erahnen, nicht zu erlangen ist dies Wissen
Mal ist es laut ein Tosen, oh welch verwegenes Rauschen welch Qualen
Mal ist es leis, kämpft der Mensch bis aufs Blut für seine Ruh
Stampfend vorwärts schreiten durch den Lebenssumpf
Kratzer und Kerben zieren den Rumpf
Doch die Seele fliegt empör durchdringt Tiefen und Weiten
Über den Sand, im Wall und Thor, gepeitscht und zerrissen, in der Schönheit der Welt,
im Schatten des Nebels, unserem eigenen Untergang entgegen.

Adler, Symbol der Freiheit

Meine Flügel tragen mich hin
Dahin wo immer ich auch will
Ich bin frei
Tief liegt dein Grund
Du Meer auch du bedeutest Freiheit
Denn überall ist dein Zuhause

Wo immer du auch hinzufließen vermagst
Viel lebt in dir in deiner Tiefe
Auch ich kann eines finden überall
Und tief ist mein Grund ebenso
In mir drin bin ich frei
Die Gezeiten berühren nur die Oberfläche
Strand, mal Gestein oder Felsenklippe
Und mal warmer oder kalter Sand
Auf dir hinterlasse ich meine Spuren
Sie sind nicht gerade aber es sind Meine
Und sie werden zu sehen sein egal wie hart der Boden ist.

Deshalb

Warum Leben?
Wonach streben?
Wofür alles geben?
Leben bedeutet zu fühlen,
heiße Leidenschaft
und einsame Kälte,
Machtlosigkeit und Kraft.
Alles geben!
Ewig streben!
Darum Leben!

Gefüllt oder geleert?

Ich habe mein Glas gefüllt,
Erst halb und dann voll,
Wasser herrlich eisgekühlt,

Dann hast du es zur Hälfte mir getrunken,
Typisch für solch Halunken,
Dann war es halb leer,
Denn du hast es geleert zur Hälfte,
Somit wäre dies geklärt.

Rettung?

Gibt es Rettung?
Weil ich es Tag für Tag mit mir trage
Ob du es verstehst weiß ich nicht
Dass tun nicht viele
Es ist kein Drama das ich Spiele
Da ist überall Schatten hinter dem Licht
Nein es wird mir aufgezwungen
Bisher ist es mir ganz gut gelungen
Ein Leben
Mein Leben?
Mein Leben am und mit diesem Abgrund
Egal was dass Himmelsbild zeigt
Zu meinen Füßen hält offen die Dunkelheit ihren Schlund
Den Himmel könnt ihr sehen, wir gestalten ihn zusammen
Doch den Kampf gegen den Abgrund führe ich in Einsamkeit
Bleibt trotzdem bei mir und gebt mir soviel Kraft so weit
Wie mich meine Beine halt noch tragen.

Rotgefärbter Rauch

Dunkel wie von Blut getränkt
Dunkler als die schwarze Nacht
Es ist ein Drang

Ich weiß dass ich es brauch
Habe mich im leben gewunden und verrenkt
Nun habe ich gedacht
Ich habe so vieles verschenkt
Es ist kein Fehler von mir
Die Welt sollte anders sein
Die Welt sie ist Rauch
Rotgefärbt von meinem Blut
Das aus allen Poren meines Körpers schwitzt
Ich empfinde Trauer nicht Wut
Ich bin auch niemand der sich ritzt
Wunderschön ist diese Welt
Aber hinter so mancher Fassade
Lebt eine Welt die man nicht erwartet
Eine Welt auch rotgefärbtem Rauch.

Ein inneres Verlagen

Doch auch Ruhe in mir
Aber woher nehme ich diese?
Mal kein Verzweifeln oder Bangen
Mal nicht vom Alltag gehetzt wie ein Tier
Wie im Sommer liegend auf einer
Von der Sonne beschienenen Blumenwiese

Einen Moment Ruhe
In dem ich nichts tue,
nicht erzwungen durch Erschöpfung
sondern einfach nur ein entspanntes Sein
das nur übertroffen wird von einem ruhigen Schlaf

In dem ich Träume durchlebe
Nicht das ewige Streben nach Dingen
Nur nun dies Gedicht
Geschrieben in meinem Moment der Ruhe.

Mein Herz

Oh brich mein Herz
Brich doch endlich
Trage nicht mehr diesen Schmerz
Viel zu lange schon trägst du diese Last
Weil du keine Wahl hast
Wenn du leben willst

Oh mein bedrücktes Herz
Wann warst du je beglückt
Für eine Zeit die länger war als nur Stunde oder Tag
Nie denn immer wird es zerpflückt
Von den Schatten die sich in mir festgekrallt
Und denen ich nicht zu entfliehen vermag

Oh bleib stark mein Herz
Bleib stark fürs Leben
Erdulde den Schmerz
Doch wer will so nach
Einem solchen streben
Oh kennte ich des Glückes Ort
Wäre ich schon lange fort.

Aber dort erwartet einen auch nicht das Glück

An manchen Tagen
Kann meine Seele nicht verzagen
Denn sie ist schon versunken
Und schmerzestrunken,
Irre ich in meiner inneren kahlen Landschaft
Alleine umher
Ohne Energie , Freude oder Kraft
Alles ist so schwer
Die Schatten zerren an mir
Ich krieche wie ein Tier
Stände an solchen Tagen
Der Tod vor meiner Tür
Wäre ich ihm nicht abgeneigt zu folgen
Stellen sich nur die Fragen nach dem wohin
Mir egal solange ich dort wenigstens ein wenig glücklich bin.

Der kleine Baum

Der Baum ist klein
er will sich beweisen
er möchte zu den Großen zählen
und möcht nicht einfach nur klein für andere sein
er möchte seine Wege selber wählen

nur bedenke kleiner Baum
nicht alles wegzuschmeißen
was dir als kleiner Baum sehr zugetan
und fang langsam damit an

als Persönlichkeit in den Himmel zu schießen
denn wenn man immer nur was anderes sein möchte
vergisst man sein Leben zu genießen
bleib dir und denen die dich lieben immer treu
dann erblühst auch du immer wieder neu.

Lebenswege

Ich gehe meine Lebenswege
Doch nur an das Ziel zu kommen
Ist nicht worauf ich Wert lege
Denn wer will schon am Wegesrand
Nur Bordsteinkanten sehen
Dich umgebend wie ein kaltes, steinernes Gewand
Nein so macht es keinen Spaß
Diesen Weg zu gehen

Doch zum Glück sieht mein Weg anders aus
Es ist ein Feldweg umgeben von einem Blumenmeer
Mal regnet es mal scheint die Sonne
Doch das geschieht auf allen Wegen
Ich brauche aber nicht mehr,
Als diesen Horizont hinter dem alles passieren kann
Und die Möglichkeit mich zum Schlafen in ein goldenes Kornfeld zu legen
Wo ich geh und steh bin ich dankbar

Denn ohne dich wären da
Keine Blumen, keine Sonne und kein Kornfeld
Du gehörst zu den Dingen die mir auf dieser Welt am wichtigsten sind
Du gehörst zu dem was wirklich für mich zählt

Weil ich in den Herzen der Menschen meinen eigenen Trost und Seelenfrieden find.

Warum andauernd diese Fragen

Was ich in eurer Welt bin
Warum dieses Entsetzten
Erfülle ich nicht meinen zugedachten Sinn?

Eure Welt ist mir egal
Ich muss wegen euch soviel ertragen
Und habe mit der Last meiner zu leben
Verurteilt mich wenn ihr meint dies tun zu müssen
Stoßt mich von euch
Ich werde euch nicht vermissen
Ich muss für mich streben, kämpfen und alles geben

Warum andauernd diese Fragen
Was ich in eurer Welt erreicht hab
Warum dieses Entsetzten
Weil ich anders bin und andere Prioritäten hab

Ich wollte euch nie schlechtes
Ihr mir vielleicht auch nicht
So können unsere Welten doch zusammen existieren
Weil sie doch eigentlich die Selbe ist
Und vielleicht entsteht in unseren Herzen
Ein Band aus Licht

Warum nicht tolerieren

Und einander Helfen
Warum sich auf kosten anderer Beweisen
Und warum immer die falschen Fragen stellen.

Was glaubt ihr?

Was glaubt ihr wer ich bin?
Ihr seht, so sieht er aus!
Ihr seht, das gefällt ihm also!
Es macht oder nicht für euch Sinn
Ihr meint ihr werdet klug daraus
Du wirst nie ganz wissen wer ich bin
Und trotzdem macht es Sinn mich zu lieben
Denn wenn du mich zu lieben oder mögen vermagst
dann werde ich dir meine Welt zeigen
sie wird dich erschrecken, du wirst dich fürchten
sie wird dich amüsieren, du wirst mit mir lachen
und vielleicht wirst du diese Flut überstehen,
durch sie durchsehen
und ein Teil meines Herzens sein.

Frühlingshoffnung

Ein blauer, weicher Himmel ist zu sehen
Durch die knorrigen Äste der Bäume
Ein kalter Wind weht mir durch die Weste
Ich wage, dass ich der Melancholie doch Schönheit einräume
Die Wege sind wieder leichter zu begehen
Denn die weiße Last hat sich gewandelt
Man sieht wieder das schlafende Laub

Und bald werden wir wieder erleben,
wo von der Frühling handelt
wenn Blumen sprießen und der Tanz wieder beginnt
Ist man durch die Stärke blind und taub
Und denkt nicht daran,
es wird allzu schnell wieder Winter sein
doch wenn man zwischen durch an Freude und Liebe gewinnt
wird man es überstehen.
Ein blauer, hoffnungsvoller Himmel ist zu sehen.

Die kleine Blume

Ein Blümchen reckt sich in die Höhe
Mit einem solchen Strahlen
Wird sie große Höhen erreichen
Und sie bezaubert mehr
als wenn alle Regenbogenfarben malen
möge es niemals weichen
und ihre Seele voll lebendigem Sturm und Ruhe sein
so wie das Meer
kleines Blümchen wachse und genieße das Leben
denn in ihm wird es noch so viel Schönes geben
und andere werden dich genießen
einige andere und ich genießen dich schon jetzt
und auch wenn mal Tränen fließen
wirst du doch immer offene Arme finden.

Oh du meine Seele

oh du meine Seele

segle weit über Meer
und schwebe geschwind über Land
oh wie wünscht ich diese Freiheit sehr
so ging ich meiner Wege
und löste mich von allem was mich einst band

solche Last lass los
solchen Schmerz lass gehen
wo finde ich denn Trost
könnt ich nicht in meine Seele sehen

tief bis zum Grund hinab
wünsche ich mir den Wind
in dem ich meine Freiheit find
so wüsste ich, dass mein Schicksal Hoffnung hat
sollte es denn sowas geben
möchte ich mit ruhigen Geistern leben

oh du meine Seele
bleibe immer stark
damit ich Wert auf die richtigen Dinge lege
nun ich zu sagen wag
dass ich dies durchaus vermag

Mit dieser Kraft und Stärke
will ich schaffen gute Werke
deren Sinn es ist,
dass der Mensch die Liebe niemals vermisst
und so lebt, dass die dunklen Schatten
nicht mehr töten

dann ermatten
und dahin schwinden in den Morgenröten.

Er schweigt

Er schweigt
Tausend Gedanken schwirren durch seinen Kopf
Er beobachtet
Er nimmt seine Umgebung auf
Nun hat er sich entschieden
Er breitet seine Flügel aus und löst sich
Und er ist bereit jeden auf diesem Flug mitzunehmen,
der ihm seine Hand entgegen streckt.
Er fliegt mal niedrig und mal hoch
Doch dich fallen lassen würde er nie.

Nach Abschied, wohin?

Ob Himmel, ob Gott oder nicht
Am Ende ist noch nicht zu Ende die Geschichte.
In gleißendes Licht davon schweben
erst Kälte, dann ersehnte Wärme
ein Film wie es war zu leben
spürend und sehend
es geht weiter nur wohin wissen wir nicht
wir können nur an jene denken
sie werden es spüren und weiter brennt ihr irdisch Licht
wir sehen uns wieder
denn Liebe reißt der Tod nicht nieder.

Geist über Materie

Höre was dein Herz dir sagt
bevor du verlernst es zu verstehen
und jeder der ihm zu folgen wagt
wird die Pfade der Liebe gehen
da kann sein Hunger, Tod und Krankheit
aber lebst du mit Liebe im Herzen
ist dir die Welt offen und weit
lass dich ein auf Kummer und Schmerzen
die kommen immer wieder
doch nur so kannst du Liebe fühlen
breite aus, dein Gefieder
breite deine Flügel aus
und flieg aus deinem Käfig hinaus
steige empor der Sonne entgegen
so kann sich deine Seele auf Wolken schlafen legen.

Der Morgen des Siegers

wann wird es morgen sein?
wann sehe ich wieder Sonnenschein?
weiß ich doch bei jedem Regenguss
dass sich das Wetter wieder ändern muss
so zeigt es der Himmel
so ist das Leben
breche aus, aus dem Menschengewimmel
und bedenke dein Streben
denn der Weise überdenkt
was ihm aufgezwungen

und weil er dann seine Schritte selber lenkt
wird er einst zu sagen wagen
so hab ich manchen Sieg errungen.

Ying und Yang

Die Zeit geht schnell dahin
Trotz dass ich sehr viel traurig bin
Versuch ich doch zu leben
Es kann ja nicht nur Schatten geben
Es können ja nicht nur dunkle Wolken am Himmel schweben
Da gibt es vieles an dem man sich erfreuen kann
Und wenn du das verstehst
Lernst damit umzugehen
Dass auch mal Tränen kullern dann und wann

Doch wenn wir in unser Innerstes sehen
Sollten wir in eine ausgeglichene Welt eintauchen
Denn wie bei Ying und Yang
Macht dich manches fröhlich und manches bang

Todesursache: Einsamkeit

Ob nun am Strand
Mit dem Rauschen der Wellen
Mächte wie sie in mir aufschwellen
Und dann wieder vergehen
Weit kann ich sehen
Mit Wind und so manchem Sandkorn im Haar
Werde ich hier meiner Einsamkeit wieder gewahr

Ob nun im grauen Großstadttrott
Mit Abgasen von Autos mit ihren gestressten Fahrern
Eine Macht durch Anonymität
Die doch bald vergeht
Ein Leben so trostlos
Wie leere Hüllen laufen sie Tag für Tag aneinander vorbei
Die Einsamkeit breitet ihre Flügel aus

Ob nun im Kreis meiner Lieben
Die mir Alles geben
Und wohl doch nicht genug
Bin ich viel in mir selbst
Wie einsam meine Seele doch ist
Denn ich kann nicht mehr erkennen, dass du Leben doch ein Geschenk bist
Ich kann dich nicht mehr so nennen
Diese Flügel werden wohl die Meinen sein

Ob nun im Leben,
Den Tod habe ich noch nicht erfahren
Doch wer sagt mir, dass der Tod nicht einsam ist.
Frage ich mich und fliege los.

Irrweg

Ein Weg durch den Schatten der Bäume
Sonnenstrahlen brechen vereinzelt durch das dichte Blätterwerk
Und tauchen den Raum in gleißendes Licht und ich träume
Von einem Nebelberg
Von Gesichtern im Wind

Von stillen Stimmen
Und anderen Dingen die ich auf meinem Weg find
Die Gesichter sagen ich soll dort das und dort dies
Und plötzlich fühle ich mich mies
Will ich doch nicht die Wege anderer gehen
Will den Nebel nun durchdringen
Wieder im Lichte stehen
Nicht in zwei Welten leben
Aufwachen und wieder nach meinem eignen Glück streben.

Diese Gabe

lass mich reimen lass mich dichten
im Sommer liegen im Schatten der Fichten
warmen Wind spüre ich auf meiner Haut
dank die Muse mir die Gabe anvertraut
was wäre ich ohne diese Gabe
was wenn man in der Tiefe grabe
ich wäre ein gebrochener Thor
doch ich denke nach und schlage vor
stelle mich auch gern zurück
so helfe ich anderen zu finden ihr Glück
denn wer mich anzuhören bereit
und dessen Herz offen und weit
wird weiter gebracht
und mit Weisheiten und Poesie erfüllt
damit sein Herz die Stimme hat, lacht und brüllt.

Eine Prise Glück

Die Wege die wir gehen
können auch mal düster aussehen
doch wenn wir wissen warum und wie
können wir sie ohne viel Leid durchschreiten
da ist mal Melancholie
und so mancher Streit
doch wir können uns gewiss sein
die Wege werden wieder heller
doch du darfst weinen
aber geh nicht zum Lachen in den Keller
denn wenn du es schaffst zu lachen
macht das deine Welt wieder gut
es hilft ja nichts sich trübe Gedanken zu machen
habe den Mut
ins Dunkel rein zulächeln
dann wird sie dir eine Prise Glück zufächeln.

Kleine Freuden

Ich weiß nicht wie viele Tränen wir vergießen
aber oft erscheint die Welt trostlos und grau
wie soll ich mein Leben so genießen?
Doch die Hoffnung hab ich immer
weil ich auf kleine Freuden bau
denn das Glück ist die Summe kleiner Freuden!

Das kleine Blatt

Ein Blatt viel vom Baum
hielt das erst für einen bösen Traum

wollte wieder in die Höhe
und rief mit ihrer kleinen Stimme
hilf mir bevor ich im Regen wegschwimme
oder ich erfasst werde von einer windige Böe.
was soll ich sagen sie wurde gehört
und wurde gerettet weil sie ihre Lage erkannt
nun kam einer vorbei
der nicht einfach vorüber rannt
und er hob es auf
beschützte es vor Böe und Wasserlauf
hielt es trocken und Warm
und nun hat es mit viel Charme
seinen eigenen Rahmen.

Dass meine Seele nicht gen Hölle geht

so frisst er sich in meine Seele
die doch so viel Gutes zu tun vermag
ich verwende sie wie es gerecht
doch niemand sieht welchen Kampf ich dafür fecht
dieser immer wieder hervorbrechende Schmerz
warum nur traf es mich?
ich bin mir meiner Stärke bewusst
trotzdem zerrt dieser Kampf an meinem inneren Grund
halt mich fest oh du Gutes dieser Welt
dass meine Seele nicht gen Hölle fällt
ich werde nie wieder gesund
doch kann ich mit der Krankheit leben
und die Gaben die sie mir gegeben
hab ich dann einzusetzen für das Gute die Gelegenheit.

Wie der Goethe

Wie der junge Herr Goethe
Im Kopfe beherrscht von Schönheit und Tugend
Kam ich oft in Liebesnöte
Oder ich muss wohl sagen Genüsse
Denn nichts anderes sind Mädchenküsse
Ich schrieb so manches Gedicht
Für manche weibliche und strahlende Seele
Die Meisten bereue ich nicht
Doch manche wurden auch zum Gequäle
Doch läutern solltet ihr mich mitnichten
Ich erkenne halt der manchen Mädchen vielfältige Herrlichkeit
und diese inspiriert, wie den jungen Goethe, auch mich zu Gedichten

Wandert der Frühling?

Wandert der Frühling uns entgegen?
Ich sehe noch immer Schnee hier liegen
Und vom grünen Sprießen keine Spur
Begraben von der kalten Decke die Natur

Es brennt doch ohne Hitze
Wir brauchen Handschuh, Schal und Mütze
Denn die Kälte brennt und beißt auf Haut
Unter meinen Schritten knirscht der Schnee so laut

Melancholisch fallen sie danieder
Die eisigen Kristalle

Kinder werfen Schneebälle
Und überall höre ich Weihnachtslieder

Ich erinnere mich nur noch wage
An die sommerlichen Tage
Wie sie noch waren hier und da
im Herbst dich dass ist vergessen

Nur noch Winter und grauer Himmel
Weihnachtsgeschenkeinkauf
Menschengewimmel
Jedes Jahr nimmt es den gleichen Lauf

Frühling, Sommer, Herbst und Winter
Und dann verschwinden die Gespenster
Die das Ende immer mit sich bringt
Und wegen der man auf glücklich tut und singt

Dann wandert uns der Frühling entgegen
Und nicht mehr lange
Dann kann man sich wieder in die Sonne legen
Und spürt sie warm auf der Wange.

Der Vaterlandstolz

Im Glanz der Fahne stehen
Eine Einheit, eine Kraft
Hand nicht gen Himmel
Nicht mit gehakten Augen sehen
Für die Gemeinschaft

Hand aufs Herz

Du bist kein Land
Bewohner der Erde
Wieder jeder
Und dass ist das Band
Das der Mensch in besserer Zeit
Achten werde

Der dunkle Schatten ist verjagt
Und jetzt ragt
Wieder das Herz hervor
Der Vaterlandstolz
Nicht als der rechte Weg
Doch als Stärke für den Frieden

Back Meister Back

Zu Weihnachten gehört auf jeden Fall
Jetzt ohne Stuss
Von Meisterhand
Gewürzte Spekulatius
Elefant, Schwan, Mühle
Oder Mann mit Brot
Ja da kommen Weihnachtsgefühle
Bei diesem Geschmack
Alle rufen und wollen noch mehr
Back Meister Back
Denn dieses Rezept ist nicht schwer
Weizenmehl, Zucker und das Fett von Pflanzen

Lasst uns zu „oh Tannenbaum“ tanzen und singen
Der zuckersüße Karamellsirup
Wir können zu naschen beginnen
Und alle haben sich lieb
Weitere Zutaten kommen dazu
Ich wünsche dir schon mal guten Appetit.
So fertig backen und trocken lagern nun!

Weihnachtliche Ruhe

Es fallen in Massen die Flocken
Hörst du ihre Musik?
Sie sind so ungestüm
Als würden sie rocken
Heute mal kein Kummer, kein Krieg
Alle werden sich um Liebe bemühen
denn es duftet überall
es klingt an jedem Orte
kein Lärm wie an Karneval
nein dies ist ein Klang anderer Sorte
er vereint alle die da glauben mit den Engelschören
öffnet eure Türen und Herzen singen sie
zeigt liebe zumindest an des Heilands Geburt
und höret diese Weihnachtspoesie
die euch, so ist mein Wunsch,
weihnachtlich im Herzen rührt.

So in den Tod

Das Herz schlägt wie von Sinnen

Keine Luft kann entrinnen
Ist dies nun Ersticken?
ich höre die Uhr an der Wand immer lauter ticken
Panik macht sich in mir breit
wann ist es endlich so weit
schon wird mir vor den Augen dunkel
in meinem Kopf nur noch Gemunkel
vergangener Lebenszeit
ja jetzt ist es so weit
das Leben läuft an mir vorbei
ich laufe durch einen Wald auf einem Kieselweg
Menschen aus meinem Leben treffe ich allerlei
ich spüre nichts als ob ich in Trance leg
die sonne geht unter es wird Nacht
und ist sie ganz verschwunden
wird das weiße Licht durch einen Blitz gebracht
ich höre mich zuletzt noch sagen
schön waren meine Lebensstunden.

MELANCHOLIKER

spröde erscheint das hier und jetzt
denn ich bin wieder Melancholiker
bin nicht traurig oder verletzt
nur war zuvor alles bunt und schicker
nun aber nur für diese Phase
ist alles grau in grau
ich werde aus mir selbst nicht schlau
also Vorsicht ! was drin ist im Glase
Ich weiß da draußen ist alles schön

aber ich kann es kaum noch sehn
alles sieht nach einem Picasso aus
ich will aus dieser Melancholie raus
gegen Melancholie kämpfen bringt nicht viel
die Zeit ist das Ziel
denn mit der Zeit wird der Nebel dünner
und oh welch Erstaunen nichts liegt dahinter in Trümmer
alles blüht und stahlt
nun hat die Natur dein neues Leben gemalt.

Sehe Seele

Sehe was das Leben
dir vor die Füße wirft
damit es dich berühren dürft
musst du es erst aufheben
denn sonst steige einfach drüber
das Risiko musst du bedenken
ob es dir mit oder ohne lieber
du kannst deine eignen Schritte lenken
musst dich nur entscheiden
jedes Mal aufs Neue
dann kannst du es vermeiden
die Schuld bei jemand anderem zu sehen
und zu brechen ihm die Treue
du musst nur in deine Seele blicken und ruhig die Wege gehen
jeder Mensch entscheidet jeden Tag
was seine Zukunft bringen mag
denn es liegt in seiner Hand
wie sehr ihn auch der Gedanke an das Schicksal bannt

seinen Charakter selbst zu bilden
eine Einstellung zu finden
das ist Philosophieren
dass unterscheidet uns von Tieren
die Äußerlichkeiten ignorieren

drehe ganz in Ruhe und mit Spaß deine Lebensrunden
entfalte dich individuell
und kulturell
keine Schatten sollen dich mehr erhaschen
kannst dich selbst von Trauer freiwaschen
ruhst tief in dir drin
erkennst das Leben als des Lebens Sinn
die Liebe kann dich noch verletzen
aber nicht mehr zu Boden werfen
weil du auch noch andere Dinge im Leben kannst schätzen
lässt dich nicht mehr so leicht nerven
denkst zugleich wie ein Optimist und ein Realist
du bist kein Mensch mehr der sich an Kapital und Aussehen misst
weiß dass dein Wert in dir allein in deiner Seele liegt
die mit dir über die Stolpersteine des Lebens fliegt
hast du dich nun so gefunden,
wirst du nicht mehr so schnell geschunden
denn du weißt ist dir ein Weg versperrt
ist es der Umweg zu einem Anderen wert
denn das Leben geht ja weiter
und du willst nicht traurig sein sondern heiter
so liegt dir die Welt zu Füßen
ohne dass sie es weiß
und du kannst sie in vollen Zügen genießen

ganz ruhig und ganz leis.

Warum darf ich kein Träumer sein!?

man sagte mir ich sei ein Taugenichts, ein Tunichtgut
aber ich verlor trotzdem nicht den Mut
denn ich war ein Träumer in meinem Individuum
nicht unbedingt erfolgreich in der Welt um mich herum
doch wusste ich, steht´s worin meine Stärken liegen
und ich ließ meine Träume fliegen
liebte und genoss im Leben und das Leben selbst
meine Art zu fühlen und zu denken
gab mir die Kraft meine Schritte selbst zu lenken
so ist es wenn du deine Wege selber wählst
trotzdem fragt man: Wo führt mein Weg nur lang und herum?
egal, ich bleibe immer dieses Individuum!

kurze Antwort

der Duft von Rosen
des Meeres lautes Tosen
sag mir was ist das Leben wert?
siehst du die Antwort
bist du tief in dich gekehrt
du findest sie an jenem Ort
den wir Seele nennen

ich predige...

Ich predige mir und den offenen Herzen die/meine Moral

denn jeder Mensch hat die Wahl
und den Verstand
das Richtige zu tun
braucht ein Mensch eine helfende Hand
sollst du nicht ruhen
Aber das ist nur ein kleines Stück
von dem was ich euch lehren möchte
ich bringe die Verhaltensregeln zurück
weil ein anders Verhalten nur Ärger brächte

Ich habe mich gefestigt und gefunden
doch bin ich noch nicht am Ziel
denn bist du nicht bereit dich zu ändern
wirst du vom Leben geschunden
und die Menschen holen dich Kiel
aber du solltest zu dir stehen und wenn dann
nehme nur die konstruktive an
mit Kritik umzugehen will gelernt sein
sonst bringen dir die Selbstzweifel nur Pein
dann werden viele Tränen fließen
du musst also Frieden mit dir selber schließen.

Theater

gespielte Szenen des Lebens.,
literarisch und lyrisch verpackt.
den Leuten zu vermitteln ist des Strebens.
auf der Bühne zu Beginn gefühlt wie peinlich nackt.,
wird nicht jedem gewahr was Theaterspielen heißt.

Immer

Ein Gefühl wie ein Schweben
Spüren, fühlen und genießen
Es kann nichts Schöneres geben
Als diese Euphorie, diese Leidenschaft
Sie geben jedem Menschen Kraft
Wieder so wie früher
Als wäre es nie anders gewesen
Ich konnte es in deinen Blicken lesen
Die Liebe sie war immer da.

Der Weg nach Hause

Das war der Weg zurück zu dir
Du gingst nie aus Kopf und Herz mir
Nun bin ich wieder da
Und wir versuchen es besser zu machen
Endlich dir wieder nah
Endlich dich wieder küssen
Schlimm war das vermissen
Ich nehme deine Hand erneut
Ich werde sie sanft streicheln und führen
Mehr Zeit nur mit dir
Ich möchte dich berühren
Einiges liegt am Herzen mir
Wir haben es vermasselt
Doch wir haben potenzial
Und es ist real
Eine neue Chance für unsere Liebe

Für die Ewigkeit

Bilder der Vergangenheit
Immer aufgerufen zu werden bereit
Schwirren sie dann und wann in meinem Kopf herum
Ich denke an deinen Blick
An unsere gemeinsame Zeit
Ja ich schau zurück
Und ich schäme mich dafür nicht
Denn in jedem dieser Momente lag ein Stückchen Glück
Und weil man sich an Gefühle erinnern kann
Ist dieses Glück für die Ewigkeit

Erfüllt

So viele Tage gehen ins Land
ich habe es erkannt
ich wollte immer mehr
aber nur was gut für meine Seele wär
und nun ist da dieses Band
mit den Menschen die ich liebe
alle samt sind sie Diebe
mir mein Herz zu stehlen
und ich hab die Wahl jeden Tag
und doch würde ich nicht anders wählen
es wird nicht alles immer glänzen
was eigentlich doch Gold ist
doch wenn du bei mir bist

mit allen unseren Lieben
erfüllt mich das doch ungemein.

Liebe, Schmerz oder Glück

Liebe zu definieren ist schwer
Sie kann Schmerz sein
Oder Glück bedeuten
Auf jeden Fall ist sie sehr
Sie hat viele Formen
Aber zu erkennen ist sie leicht
Sobald sich ein gutes Gefühl
Denkst du an einen Menschen
In dein Herz und ein Lächeln auf dein Gesicht schleicht
Freunde, Familie und der Partner
Alle wünschen sich alles davon sehr
Du gehörst zu den Personen bei denen ich so fühle
Dank dir!

Einen Moment lang nur

Einen Moment lang nur
Starre ich in deine Augen
Doch in dir dauert der Moment ewig

Ich fliege über hohe Berge mit Gipfeln voller Schnee
Sie sind so hoch dass außer mir
in diesem Moment niemand ihre Melodie hört
und ich fliege weiter in dir
über tosende wilde Ozeane

dann über trockene Steppen und saftige Wiesen
auf denen die schönsten Blumen stehen
über bedrohliche Vulkane
und das alles kann ich nur genießen
denn ich kann es in deinem Glanz sehen
überall ist dieses helle warme Licht
am Horizont und ich will mit ihm verschmelzen
du sein, will ich nicht
aber doch ein Teil von dir
in deiner Welt die ich nun kenne
sah ich hier und dort ein Wunder geschehen
denn es liegt am Herzen mir
du scheinst mir auch ein Wunder
und ich möchte es immer wiedersehen
deshalb bitte schau mir immer wieder in die Augen.

Herz in der Nacht

Verborgen im Mondlicht
Dunkles schattiges Gewand
Wie der Himmel ist verschleiert
Wo funkelnd Augen wie Sterne strahlen
Es entschwindet nicht
Angst scheint es nicht zu kennen
Es schaut wie gebannt
Oft Flügel ihm malen
Die Schönheit von Trauer und Nacht
Grausige überkommende Macht
Wo funkend das Mondlicht
Vom dunklen schattigen Himmel fällt

Verschleiert von Nacht, Trauer, Gewand
Mit trägen, aber doch ewigen Flügeln
Liegt dort mein Herz
Wartend auf den Tag
Das Ende vom Schmerz
Und den nächsten Höhenflug

Ein Vermissen

Ein einfaches, sinnloses Vermissen
Ein kleiner Windhauch, den ich verspüre
Ich umschlinge jede Nacht mein Kissen
Gott weiß dass ich lieber dies mit dir erführe
Ich höre Musik, ein Klingen in meinen Ohren
Ich atme ein, ich atme aus
Ein einfaches, sinnloses Vermissen
Der Gedanke an dich
Haare, Augen, Körper, Gesicht
Wie es wäre dich zu küssen
Ja das zu erfahren wäre das Größte für mich
Aber ich weiß ich werde es nicht
Ein einfaches, sinnloses Vermissen
Und vielleicht ist es so besser
Das meine ich ernst, aber ich bin mir nicht sicher
Nein keine Angst, kein Zug, kein Messer
Egal wie groß der Schmerz auch wird
Ein einfaches, sinnloses Vermissen
Immerzu.

Ich denke

Ich denke
Denke an dich
Sehe dein Lachen
Sehe deine strahlenden Augen
Sehe wie das Sonnenlicht in deinen Haaren glänzt
Ich denke
Träume von dir
Es kann nur ein Traum sein,
Denn ich versuche dich zu berühren,
Denn ich habe das Verlangen dich zu küssen,
Denn ich möchte jeden Tag hören was du zu sagen hast
Ich träume
Ich hoffe und sehne
Sie sind immer da;
Die Sehnsucht nach deiner Nähe,
Die Hoffnung die mein Herz nicht als vergebens akzeptieren will,
Die Sehnsucht nach deiner Liebe
Ich hoffe und sehne
Ich danke
Weil ich dankbar bin
Für dich und was du mir zu geben bereit bist
Für mein Denken
Für meine Träume
Und für das Hoffen und Sehnen
Ich danke.

Der Sommer

Es ist Sommer mir ist heiß

ich vergesse vieles
aber es gibt eins das ich immer weiß
auch ich hätte so gern was kühles

Viel zu heiß zum denken
erledigt im Rasen liegen
ich kann mir das auch schenken
nur ein Gedanke bringt mich zum fliegen
für alles andere werde ich mich nicht verrenken

Sommerliebe liegt in der Luft
mein Herz schlägt so laut
ich zieh ein deinen Duft
und ein Schauer läuft über meine Haut
jeder Kuss eine Symphonie
will mich verlieren in dieser Euphorie
denn ob brüllend heiß oder eiskalt
Liebe ist die schönste Naturgewalt.

WOLKEN HINWEG FEGEN

IST DIE WELT DUNKEL UND KALT
IST DAS LEBEN NUR NOCH EIN IRRWEG IM WALD
DANN BESINNE DICH
UND VERZWEIFEL NICHT
DENN NACH JEDER NACHT
GEHT IMMER WIEDER DIE SONNE AUF
UND WENN SIE DICH ANLACHT
VERLASS DICH DRAUF
NACH JEDEM REGEN

WIRD DER WIND DIE WOLKEN HINWEG FEGEN
NACH JEDER DUNKLEN STUNDE
BEGINNT EINE NEUE LEBENSRUNDE
UND DAS GLÜCK
KOMMT STÜCK FÜR STÜCK
WIEDER IN DEIN HERZ ZURÜCK
UND GLAUBST DU AUCH NICHT MEHR AN DIE LIEBE
GLAUBT SIE DOCH IMMER AN DICH
UND GELIEBT WIRST DU IMMER.

Mädchen, Frau und Engel

Mein kleines Mädchen
wohin läufst du
wohin willst du
komm ich nimm dich bei der Hand
wenn du deinen Weg allein nicht finden kannst

Mein kleines Mädchen
welch ein Lächeln
welch schönes Gesicht
selbst im Schatten sieht es so aus
als scheine darauf Licht

Meine junge Frau
so viel Charme
so viel Persönlichkeit
verdrehst mir den Kopf
meine Arme sind für dich immer offen und bereit

Meine junge Frau
du hast ein starkes Herz
du hast es nur noch nicht erkannt
du fühlst oft starken Schmerz
doch bist du nie weg gerannt

Mein Engel, meine Maus
ich werde immer für dich da sein
ich werde immer dein Bestes wollen
möchte noch viel öfter dir nah sein
und mit dir zusammen träumen.

Es ist ein Sehnen

Es ist ein Sehnen
Nach jenen Momenten
Die mir so viel bedeuten
Sie fließt durch alle Venen
Die Sehnsucht
Nach Momenten mit dir.

Noch nie

Noch nie
Sagen kann man viel
Noch nie
Dem Tragiker nicht gefiel
Noch nie
Waren Augenblicke so kostbar
Noch nie, bei Gott, habe ich so geliebt.

Denn wahre Liebe endet nie

Ich habe es dir schon so oft beschrieben
Aber ich hab das Gefühl es reicht noch nicht
Wahrscheinlich wir es nie reichen
Denn wie soll man solch lieben
In Worte fassen oder in ein Gedicht?
Ich komme nicht drum her dir nun auch dies zu schreiben
Weil mir nicht viele Möglichkeiten bleiben
Es dir sonst zu erklären
Was in mir vorgeht
Kann mich niemals gegen wehren
Gott sei dank bist du jemand der mich versteht
Ich möchte es jeden Tag schreien
Ich liebe dich
Es sind nur Worte aber mit jedem Tag der vergeht
Wird ihre Bedeutung für mich
Bezogen auf dich größer
Denn anstatt das es irgendwann weniger wird
Wird es immer mehr
Vielleicht fragst du dich manchmal was wird der Junge machen
Wenn er das nicht mehr erträgt
Ich habe niemals ein Ende weder für mich noch meine Gefühle erwägt
Ich atme ein ich atme aus und setzte ein Fuß vor den anderen.
Wer weiß was in meinem Leben noch alles passiert
Aber ich werde dir nie sagen ich HABE dich geliebt
Denn wie heißt es so schön wahre Liebe braucht kein Happyend
Denn wahre Liebe endet nie.

Das Flammenschwert

Wie immer spüre ich das Flammenschwert
Es entfacht mein Herz
Der Gedanke an dich
Dein Blick in meine Augen und meine Botschaft zurück
Jedes Lächeln von dir
Ich spüre es in meinem ganzen Körper
Wenn ich dir, wo auch immer, begegne
Entsteht ein Chaos in mir
Verursacht durch die Ausschüttung von Glückshormonen
Ich denke immer zu an dich
Ich stehe morgens in der Hoffnung auf dich zu sehen
Deine Gegenwart ist wie Strom der durch meine Adern fließt
Meine Selbstwahrnehmung fühlt sich komplett anders an
Da ist soviel Dankbarkeit in mir,
weil du es akzeptierst dass ich diese Gefühle habe.
Und weil du mir deine Zuneigung schenkst, auch wenn sie freundschaftlich ist,
Hat sie für mich mehr Bedeutung als die Liebe eines jeden anderen Menschen.
Danke für das alles!

Tag zu neige

Und wieder geht ein Tag zu neige
An dem ich hätt so manche Stunde
Gern mit dir verbracht
Wir hätten sicher gelacht

Uns berührt, uns geküsst
Zusammen Pläne für die Nächsten gemacht
Denn sie würden alle uns gehören
Wie gerne würde ich mit dir zusammen wohnen,
Dich jeden Tag mit Küssen belohnen
Und jeden Tag zeigtest du mir deine Liebe
und ich würde von dem nächsten Morgen träumen
genießen, keinen Augenblick mit dir versäumen
mit Freude ginge ein Tag zu neige.

Ein Verliebter im Himmel

Einst war ich im Himmel zu besuch
gehüllt in Gewand und Tuch
alles war wunderschön
besonders die jungen Engelinnen
ihrem Blick kannst du nie mehr entrinnen
ihren Anblick schließt du ein in dein Herz
wappnest dich damit vor der Erde, Kummer und Schmerz
ich saß mit ihnen allen auf der paradiesischen Blumenwiese
und eine, schöner als alle anderen, zwinkerten mir zu
auch du bist wundervoll wie diese
aber diese, noch viel schönere, menschliche Schönheit hast nur du.

Regel Gottes

Ein Mädchen mit der Reinheit Tugend
beglückt mit der Schönheit der Jugend
ich gebe dir nur eine Regel vor
sprach Gott zu ihr

genieße dein Leben so dankst du es mir
und lebe nicht wie ein Thor
beglück die Welt mit deinem zauberhaften Lachen
so wirst du andere glücklich machen
und sie lösen sich für einen kurzen Moment von all dem Kummer los
du erfüllst deine Aufgabe grandios!!!

Treiben lassen

Eine Begegnung,
schüchterne, neugierige Blicke
wie kam es zu diesem Moment?
Kein Anfang , kein Ende
Und doch das Bewusstsein des Vermissens
Noch inniger wird die Begierde dadurch
Sich in diesen wundervollen Momenten zu verlieren
Ohne Zeitgefühl und ohne Ziel
Einfach nur treiben lassen im Fluss der Zeit
Mit dir, deinem Lächeln und deinen Blicken.

Ich berühre dich

Du schaust mich an
Und weil ich dann nicht mehr an mich halten kann,
streichle ich nun dein Gesicht.
Doch genug ist uns das nicht
Ein Kuss, viele, immer heißer
Die Beule wird immer größer
Ich halte dich im Arm
Ich berühre dich

Und du weißt hoffentlich dass du mir vertrauen kannst
Denn ich liebe dich und werde zärtlich sein
Wie oft vor glück wein`
Wir sind wieder vereint
Wir breiten unsere Flügel aus und fliegen davon
Ein ich liebe dich im gehauchten Ton.

Bei mir durch die Sterne

Ihr seid die Sterne an meinem Himmel
ihr leuchtet in mein Leben
mein Herz wird warm wenn ich an euch denke
ich werde euch nie wieder hergeben
denn ihr seid Geschenke
von Engelshand
uns verbindet ein unzerreißbares Band
denn ich liebe euch so sehr
ich wünschte ich wäre bei euch mehr
ich vermisse euch in jedem Augenblick
doch schau ich wieder an den Himmel zurück
spüre ich wieder das Glück
und ich erblicke die Sterne
ganz nah seid ihr dann, nicht in der Ferne.

Erde und Galaxie

Alles was der Mensch auf Erden tut
Sieht in dem unendlichen Raum und der unendlichen Zeit
So klein aus da verlässt einen fast der Mut
Doch wenn wir lieben ist das wie ein Stern am Himmel

Wenn man in diesem Menschengewimmel
Einen Menschen wie dich findet und liebt auf jede mögliche Art
Dann strahlt dieser Stern so hell
Dass man ihn immer sieht in jeder Galaxie
Und erlöschen wird er nie.

In den Armen

In den Armen eines Engels möcht ich ruhen
ich laufe nicht mehr rum in Schuhen
denn die Wolken federn meinen Schritt
mein Herz schlägt laut und fit

Mit einer himmlischen Leichtigkeit
als wenn der Herr selbst mich trüge
fliegt mein Herz hoch und weit
es ist keine Lüge
In den Armen eines Engels möcht ich ruhen

Wo bist du?

Deine Stimme klingt immerzu in meinen Ohren
Ich möchte deine Hand an meiner Wange und in meinem Nacken spüren
Möchte fühlen wie deine Lippen die meinen berühren
Möchte dir im Arm liegen, gedankenverloren

Ich möchte dir jeden Tag in die Augen sehen
Denn die sind wunderschön und haben ihre eigene Welt
Ich möchte dir mit meinen Fingerspitzen sanft durch die Haare fahren
Und ich möchte stundenlang mit dir spazieren gehen

Wo bist du?

Oh wie sehn ich mich danach

Oh wie sehn ich mich danach
Mich zu verlieben
Oh wie sehn ich mich danach
Nähe zu spüren

Die Liebe wie sie wächst
in aller Menschenherzen
Kann blühen und verdorren
Bekommt sie nicht das Lebenselixier

Oh wie sehn ich mich danach
Niemals von Trieben getrieben
Oh wie sehn ich mich danach
Nach deiner Liebe

Aus unerfüllter Liebe wird Sehnsucht
Aus Sehnsucht wird Schmerz
Und bis erlischt die Glut
Schreit mein Herz noch oft

Oh wie sehn ich mich danach
Dass meine Seele wieder schwebt
Oh wie sehn ich mich danach
Dass der Mensch in Liebe an meiner Seite lebt

In mir Bilder von dir

Oh du mein Glück
Ich wünsch dich hierher
Oder wenigstens näher, ein Stück

Oh wie sehn ich mich danach
Deine Nase an der Meinen
Oh wie sehn ich mich danach
Aug in Aug so nah, dass du mich küssen musst

Ich höre deine Stimme hier und da
Ich höre sie von Liebe reden
Doch du bist weder da noch hier
Doch noch stirbt meine Hoffnung nicht

Oh wie sehn ich mich danach
Endlich aufzugeben
Oh wie sehn ich mich danach
Dass die Gefühle verschwinden

Doch sie kommen immer wieder
Wie schmerzen doch die ganzen Liebeslieder
Ich will dir meine Liebe geben
Ich weiß ich werde meinen Traum nie erleben

Oh wie sehn ich mich danach
Nach dir
Nach Befreiung
Und doch danach dieses Gefühl niemals zu verlieren.

Liebe und Frieden auf Erden

wir brauchen frieden auf erden
und das kann nur auf eine Art so werden
wir müssen liebe in die Welt geben
so wie wir beide auf Wolke 7 schweben
nichts und niemand darf gegen die liebe und den Frieden stehen
und Menschen sollten nur mit liebe ihren Lebensweg gehen
mit Respekt für Jedermann
und nicht mit Gewalt, Krieg und Unterdrückung auf die man echt verzichten kann
wir beide zeigen den Menschen mit unserer liebe wie man leben soll
hegen gegen keinen Menschen groll
wir lieben uns, die Menschen und die Welt
wir widmen unser leben nicht dem Kapitalismus und dem Geld
wir widmen es der Kunst und den Gefühlen
oh wie oft müssen wir uns abkühlen
denn wir werden schnell sehr heiß
und wenn einer von uns mal den Weg nicht weiß
hören wir auf unsere Herzen
die uns sagen das wir uns ewig lieben werden
und so schaffen wir beide, wie das Hoffnungslicht der Kerzen,
ein Stück Himmel auf Erden.

Die kleine Biene

eine kleine Biene wollte auf einer Blume landen
nur auf dieser einen
doch platz fand sie da keinen
denn zuvor waren andere die dass fanden
und nun saß auch schon eine darauf

doch die kleine Biene ließ der Zeit ihren Lauf
und irgendwann flog die Biene wieder fort
zu einer anderen Blüte
nun war sie an ihrer Sehnsucht Ort
auf der Blume die sie bis heute noch behüte

An dich

Weil ich gestern auch an dich gedacht
hab ich mir dies Gedicht für dich erdacht:
Ich suche nie nach großen Abenteuern,
nur nach kleinen um die Jugend zu erneuern
wollte nur ruhig und friedlich leben
wollte nie nach höheren Dingen streben
doch nun strebe ich nach dir
du zählst als mein größtes Abenteuer mir
Bei uns wird nicht immer alles glänzen
unsere Geduld hat auch ihre Grenzen
aber es ist eh nicht alles Gold was glänzt
und es ist nicht das Gold, das uns glücklich macht
sondern die Liebe des anderen und die Worte die du kennst
ich weiß das wenn ich sie dir sage dein/mein Herz lacht
Mein Leben ist wie ein Kindertraum
mit viel Spaß, Spielsachen und Kletterbaum
doch der Höhepunkt bist du
denn du gibst meinem Leben deine Süße dazu
du bist das Knusperhäuschen ohne Hexe
du bist das Happyend in meinem Bilderbuch
mit den Fabeln im Texte
du bist auf dem "Tischlein deck dich" das wunderschöne Tuch

und beim Zauberer von Os des Löwen Mut
du tust mir einfach gut
Ich schreibe dir diese Sachen
denn ich sehe dein Herz gern lachen
und weil dies mich dann auch zum Lachen bringt
bin ich froh wenn es mir gelingt
komm mit in meine Welt
in der so viel Platz für Lachen und Träume ist
und weil der Höhepunkt am meisten für mich zählt
kannst du dir sicher sein dass du mir wichtig bist
Nun sage ich dir die schon erwähnten Worte
der ganz romantischen Sorte
Ich liebe dich

Gedicht zum Frühjahrsmorgen

Jede Minute mit dir ist so schön wie der erste Frühjahrsmorgen
an dem der Tau alles zum glänzen bringt
komm zu mir in meinen Arm, fühl dich geborgen
sind wir dann zusammen sind wie vom Glück umringt
es blüht der Stein
es lacht der Depressive
der Schüchterne ergreift die Initiative
ich liebe deine Seele denn sie ist Engels' rein
und dein Antlitz ach so wunderschön
oh wie lieb ich dich doch du meine Julia
nicht trennen, niemals auseinander gehen
ein ganz besonderes Liebespaar
ein Mensch sucht ein Leben lang nach seinem Mittelpunkt sonst ist er nicht komplett

ich habe ihn in dir gefunden
wir sind ein Duo kein Quartett
zwei Seelen lang geschunden
aber nun lassen wir uns nicht mehr los
leg dein Kopf in deinen Schoß
lass uns einfach so da liegen und uns genießen
einen Moment die Augen schließen
ich höre auf mein Herz, ob es glücklich sei....
denn wir lieben uns und wir sind frei.
es scheint mir als ziehen die Stunden immer langsamer dahin
weil ich den Tag nicht erwarten kann an dem ich bei dir bin.

Du

nie vollends glücklich
ja und unvollständig auch
so fühl ich mich immer
hab ein flaues Gefühl im Bauch
bist du nicht bei mir ist es nicht wie es sollte sein
bist du nicht bei mir ist mein Glück nur klein

für meinen Verstand bist du Faszination
mein Herz hält die Luft an, gibt keinen Ton
für meine Seele bist du die Inspiration
die ich zum Schreiben brauche

deine liebe zieht mich hoch wenn ich in Einsamkeit untertauche
denn allzu schnell und ohne Grund tu ich das dann und wann
doch am Ende weiß ich dass ich nicht sterben kann
denn meine Seele hängt an dir

und nun sage mir von welchem Stern du kamst
welchen Weg du nahmst
und wie du Engel, der seine Herrlichkeit verkennt,
mich gefunden hast

ab jetzt gibt es nie mehr Weile noch Rast
denn ich weiß wo du vom Himmel fielst
ich hab es in der Nacht gesehen
es war als wenn du am Himmel das Tanzen spielst
ich spürte die kühle Nachtluft wehen
wie eine Sternschnuppe so schön und hell
und nun lauf ich schnell
bei allem was meine Lungen füllt
ich laufe dort hin wo du bitte mögest sein
ich schreibe dir Gedichte, groß und klein
es gibt nichts was es vermag und mich in schweigen hüllt
Denn so enthülle ich meine Gefühle und Gedanken
sonst bringt mich ihre Last zum Wanken.

Von meiner Seite

solltest du je von meiner Seite weichen
wird mein Herz und Gesicht erbleichen
ich sag dir dass du für mich wichtig bist
ohne dich wäre das Leben ziemlich trist
Freundschaften sollten ewig halten
lass die Vernunft doch walten
niemand kann sich je zwischen uns stellen
weil für uns andere Werte zählen
Freundschaft, Treue und Loyalität

und wenn dich jemand ärgert und verschmäht
bin ich für dich da
du weißt nicht mal annähernd wie wichtig du mit bist
du bist einfach als Mensch wunderbar
ich weiß ganz genau wenn du gehst
dass dich mein Herz schmerzvoll vermisst.

Die stachlige Blume

Ich sah eine Blume
sie wurde von anderen Pflückern immer übersehen
oder sie konnten sie nicht verstehen
und weil da noch andere Blumen waren pflückten sie diese in Scharen
ich aber habe diese Blume da gesehen
und konnte nicht mehr weiter gehen
sie hatte Dornen, keine großen, aber genug sie zu meiden
aber sollte diese Blume deshalb die Einsamkeit erleiden?
Nein! Ich nahm mir ein Herz und griff nach ihr
sie ließ sich pflücken und ließ die Größten ihrer Stacheln knicken
und muss ich auch irgendwann meine Hand vielleicht mal flicken
ich wollte sie, nur sie
denn gebe ich ihr meine Liebe, weiß ich verwelken wird sie nie.

Fürs Glück

Wenn du im Dunkeln deinen Weg verlierst
wenn du keinen halt mehr im Leben spürst
will ich dir leuchten
und dich halten

Wenn du vor lachen weinst
oder wenn du vor Glück zu platzen scheinst
möchte ich mit dir lachen
und dein Glück bewachen.

Ich wollt es gäbe etwas genau so schön
etwas das mir so zu herzen geht
Ich wollt es würde nie vergehen
Ich wollt ich könnt dich immer lächeln sehen

Ich glaub ich steh im Wald
gerade war mir doch noch kalt
doch jetzt wird mir ganz warm
ich glaub es ist dein Scharm

Jetzt wird mir ganz schön lau
gerade eben waren meine Augen starr und grau
doch jetzt fangen sie an zu glänzen
und ich möchte ergänzen
das dies das Strahlen deiner Augen tat.

Gerade war ich noch ganz taub
ich höre nun schon raschelndes Laub

Ermessen und nie vergessen

ich bin eigentlich gerade nicht da
aber was ich dir jetzt schreibe ist wahr
ich bin auch nicht immer glücklich
aber es gibt Menschen so wie ganz besonders du

die sind mir wichtig
also ist auch klar dass ich denen mit allen mitteln helfen werde
du bist ein Mensch, dem möchte ich Trost und Freude geben
weil du verdient hast glücklich zu leben
und jemand, der das nicht so sieht
hat dich nicht verdient und sollte die Finger von dir lassen
denn nur wem dein Glück wichtig ist der wird zu dir passen

Ich blicke zum Horizont
Bedenke, die Schönheit dieser Welt
und weiß genau wie schön es ist bei dir zu sein
mit dir zu lachen und dich zu sehen
denn so klar und wunderbar
wie den Himmel nehme ich dich wahr

er erkennt ihn nicht
kann es nicht ermessen
dieses Leuchten
das du trägst
was verleitet dich zu lieben

er fühlt es nicht
kann es nicht ermessen
diese Herzenswärme
die in dir ruht
die ich erkannt
und sehr zu schätzen weiß

die zarten Lippen einer Frau zu küssen
heißt Gefühle zeigen zu müssen

denn dies zu dürfen und zu tun
ist wie ein warmer Sommerregen
und das Fließen von zarten Regentropfen über dein Gesicht

dein Lächeln bedeutet mir viel
deine Zuneigung alles
und dein Glück noch mehr als das alles.

Wer bist du?

Das du mir sagst,
Wer ich war
Wer ich bin
Wer ich werde.
Wer bist du?
Das du weißt,
wann ich lache
wann ich weine
wann ich lüge
Weißt du warum du das weißt?
Nur weil ich es dir zeige
was bedeutet ich hab dich gern.

Obstteller

Auf einem Obstteller
Wurde eine Debatte immer schneller
Er sagt die Birne:
Mich mag der Mensch am Liebsten
Doch der Apfel runzelt die Stirne:

Ich glaube ich träume
Es gibt ja wohl viel mehr Apfelbäume
Einfach jeder isst mich
Meldet sich die Banane
Da kam aus der Ecke ein Geknirsche
Mit Sicherheit nicht!
Es war die Kirsche
Dich essen viele nur mit Eis und Sahne
Somit scheidet auch schon die Erdbeere aus!
Oh jetzt wird sie rot, die arme Maus!
Alle kamen am nächsten Morgen auf den Müll,
denn sie ärgerten sich schwarz
und weil niemand schlechtes Obst essen will
war es auf dem Obstteller plötzlich still.

Die Pinnwand

Mal mit mehr
Mal mit weniger
Besteckt die Fläche mit vier Ecken
Kalender, Bilder, Adressen
Ich darf sie nicht vergessen

Deshalb werden sie dran gestochen
ich dachte niemals dran
ich hörte nie was pochen
doch ich war erschrocken
denn meine Pinnwand schrie mich letztens an

wieso stichst du mich so oft

das tut weh obwohl ich nur eine Pinnwand bin
und ich hab gehofft
du behältst mehr in deinem Kopfe drin

ich habe ihr erklärt
das Alles mir zu merken bleibt mir generell verwehrt
denn der Kopf würde platzen
würde er nicht hin und wieder ein wenig geleert
und dann müsste man die Sauerei von der Pinnwand kratzen
und weil sie das scheinbar nicht will
ist sie seit dem still.

New York

Schwarz und weiß
Steift es durch die große Stadt
Klassisch im ganz eignen Stil
Dort ist es immer laut
Da ist immer was los
Selten dass Sie jemandem nicht gefiel
So viele Menschen jung und alt
In den Slams solcher Städte herrscht viel Gewalt
Schwarz und weiß sind ihre schönsten Bilder
Jede Nacht werden die Partys wilder
Eine Stadt die man gesehen haben muss!

Wildgewordener Pelikan

es spricht der Mensch mit dir mein Freund
denn du bist ein Mensch

du sehnst und hoffst
doch dein Betragen ist unreif
und deine Meinung gespickt von Vorurteilen
du zappelst und springst hin und her

also wärst du kein Mensch
sondern ein Tier viel mehr
du musst immer an Plänen feilen

du bist so intelligent
mit viel Wissensdurst und Forschungskrank

benimmst da dich doch dann und wann
wie ein wildgewordener Pelikan
mein Freund ich höre dir trotzdem zu
sonst gibst du ja niemals ruh.

Return of Vampires

3 Jahrhunderte habe ich geschlafen
doch der Duft von Tod hat mich geweckt
die mich in den Schlaf einst warfen, nun sind die Fesseln der Einsamkeit gesprengt
es ist so weit, dass sich wieder Leben in mir reckt.

Ein anderer meiner Art

Wobei ich dachte dass ich der Einzige wart
nun werde ich meine blutrünstige Familie erhaschen

wir gründen eine Bruderschaft
wir füllen des Blutes Überfluss in Flaschen
nichts was uns zu Boden rafft
wir ergreifen neue Macht
uns umhüllt eine schwarze Tracht

Die Zukunft gehört uns.....

Poesie (Keating, der Club der toten Dichter)

oh wie brodelt in mir die Leidenschaft
die Poesie gibt mir die Kraft
frei zu denken und zu handeln
auf meinen eigenen Wegen zu wandeln
der Natur Wissenschaft zu erlernen ist wichtig
aber was inspiriert dein Herz wirklich und richtig

Wie Mr. Keating schon sagt
der Mensch erfüllt von Leidenschaft
wird nicht so schnell dahin gerafft
und wenn man es wagt

aus seinen freien Gedanken und Gefühlen zu schreiben
und sich nicht nur mit dem Strom lässt treiben
nicht auf Erfolg fixiert
sondern alleine in sich triumphiert

weil man seine Seele sprechen lässt
und dies in Gedichte fasst
das brauche ich für mein Seelenheil

ich brauche des Menschen roten Faden nicht
denn die Poesie ist mein Sicherungsseil

da ist die Gruppe Buchen und abseits steht die Ficht
wenn sie keines Gleichen findet
ist es doch so, dass ihr Lebensmut nicht schwindet
denn sie wächst höher und höher dem Himmel entgegen
alleine aber stark, kein Sturm sie hinweg fegen
auch die buchen nicht
aber sie kommen dem Himmel nie so nahe wie die Ficht
weil sie sich den Platz da nehmen

ich Ficht interessiert sich halt für andere Werte und Themen
ich sehe den Wert des Lebens in anderen Dingen
werde meine eigenen Lieder singen
wahrhaft die Fichte bleibt nicht allein
wird einige wenige ihres gleichen finden
und mit ihnen noch stärker sein
und ich fange erst gar nicht an von den Linden.

Wolkenkunst

Wolkenkunst an die ich denke
Des weltlichen Gesehenes zur Inspiration erinnernd
Um die jetzige Zeit mit meinem so lieben tun zu nutzen
Wörter, deren Sinn und Werdegang ich lenke
Den gebe ich Glanz, wie sie schimmernd
mich selbst verzücken

Doch nun ein stutzen

verzweifelt suche ich nach weiteren Stücken
für mein Mosaik der poetischen Wörter Bruderschaft
Mittelpunkt von Gefühl und Kraft.

Ein Rufen in der Stille kommt auf leisen Pfoten
In die künstlerische Befehlszentrale meiner Glieder
Meine Nerven sind die Boten
Ob Schriftstück ob Lieder
So vieles kann ich tun auf einem Blatt Papier
Frost abgeben wenn ich frier
wo Dunkelheit herrscht, Sonne geben
für mich für dich für unser Leben

Ein Wolkenschaf rennt über flockige Wiesen
Verfranzte Schleier als Strand, wo Himmelbläue fließen.
Zwei Wollgetiere treffen sich an jenem Ufer
Ob Mythos oder Real
Es ist Liebe auf den ersten Blick
Schmutziges Vieh, dich zu sehen ist eine Qual
Wünsche ich mir doch immer, meine geliebte Sonne zurück

Wort um Wort geht es mir besser
Die Kunst tut mir so gut
Was wäre ich wäre ich keiner der Begabungsbesitzer
Mir schwante nur was dann der kleine Teufel in mir tät
So bin ich vom Geliebten doch so abhängig
Könnte mich doch sonst nicht für wohl befinden
Wo man den Spieß dreht und in sich selber säht
Dort ist der Höllensohn gebändigt
Meine Kunst, an die ich denke.

Wahre Worte

Wahre Worte sprich und sprich sie all,
denn Zeit ist rar und das Herz ist groß
in ihm ruht so vieles was des anderen berührt

so ist's bei dir und in jedem Fall
doch ist's anders, mein Denken kommt von dir nicht los
ich will folgen wohin uns, die wahre Lieb mich führt

Lass dich fallen ich fange dich auf
Geh auf deine Träume zu
Ich achte darauf
Dass ich mein bestes dafür tu

Ich lass mich fallen du fängst mich auf
Sei gewiss, dass wenn du dein Herz mir schenkst
Ich um die Welt mit dir lauf
In der Gewissheit dass du mein Herz mit Liebe lenkst
So wie ich das deine

Ich werde dir zum Haus und Heim
Möchte dich am Morgen mit Küssen wecken
Für dich da sein und mit dir Lachen und Wein‘
Mich mit dir im Glück rekeln und recken.

Wir passen zusammen, sagt jede Faser in mir
Deshalb ich mich in dir zu verlieren wage
Dein Lächeln und dein Blick und vieles mehr,

Das Versprechen der Seele in dir
Dass ich mit dir das größte Glück in mir- und das größte Leid er-trage.
Weil auf der Welt kein größeres Glück je wär'.

Tag, Nacht, Herz

Tag verzieht, Nacht verweht
Blut auf Schnee
Nur Wasser bringt Leben
So wie es im Herz geschrieben steht
Allzu sehr tut es weh
Oder so beglückt
Muss man sich den Gefühlen hingeben
Den Schatten oder dem Licht
Ich habe mich verschworen
Die warme Helligkeit ist meine Kraft
Denn ich wurde auserkoren
So viel zu tun wie mein Herz halt schafft
Nacht verzieht, Tag verweht
Ich lebe was in meinem Herzen steht.

Ebbe und Flut

Spüre die Flut und die Ebbe
Wie ich für dich auf Scherben steppe
Mein rotes Lebenselixier gebe ich hin
Dein Schmerz ist meiner, jede deiner Tränen eine Träne von mir
Weil ich Herz an Herz mit dir gekettet bin
Es erscheint mir nicht schier

Unmöglich ohne dich zu sein
Doch es kommt nie wieder jemand
So wie du so sehr in mein Herz hinein
So fühlt es sich an
Zerrissene Füße und pochendes Herz
Gefangen in diesem Bann
Und doch nach Freiheit mich sehnend
Vor Glück erschöpft und erfüllt
Mich kaputt an dich lehnend
Mein Kopf ist so voll gemüllt
Doch ist dieser Müll was ich bin
Und er muss bleiben
Und macht es für dich auch keinen Sinn
Nur wenn du mich auch so liebst
Können wir gemeinsam über diesen Fluss treiben.

Tafel mit Herz

So viele Wörter fliegen durch die Räume
Eines unnötiger und deplatzierter als das andere
Ich habe meine Träume
Ich möchte nicht das sich was ändere
Denn in meinem Herzen spür ich
Wenn es so ist, so bin ich glücklich
Egal auf welchen Wegen ich wandere
Was geht es euch an
Ich möchte doch nur ertrinken
In dem Wasser, dass entsprang dem Quell Herz
Tragen kann ich viel Schmerz
Doch dann und wann kommt er zu dicht rann

Nicht weil ich dich trage
Sonders weil ich zu lieben wage
So viele Wörter fliegen durch die Räume
Nicht von Liebe und auch ohne sie gesprochen
Und ich ertrage es kaum mehr
Lasst doch Ruhe walten
Ich sehne mich so sehr.

Ich fühle mich wohl in deiner Nähe
Ein Genuss des Berührens
Ein Genuss des Spürens
Dachte nicht was auch immer was ich sähe
Und nun dreht sich die Welt immer noch
Doch der Schwindel wurde stärker
Nein ich falle nicht in ein dunkles Schattenloch
Doch wüten die Gedanken in der Seele
Wie ein liebestoller Berserker

Dies Gerede und Geschwafel
Macht es nicht gerade besser
Sie sind an manchen Tagen eiskalte Messer
Einzig was ich tu
Ich male ein Herz auf meine Tafel.

Mehr davon

Mehr für dich
Mehr für mich
Mehr für alle
Mehr Glück viel mehr

Jeder braucht mehr, in jedem Fall
Und wir brauchen uns so sehr
Das Herz pulsiert
Schlag um Schlag
Die Liebe musiziert
Das Lied das jeder mag
Nie genug für dich
Nie genug für mich
Nie genug für alle
Nie genug Glück
Es kann nie genug Glück und Liebe geben
Solange wir Hand in Hand
Oder Herz an Herz streben
Nach Liebe und Frieden
Durchbrechen wir jede Wand
Und bauen Brücken der Hoffnung
Mehr für dich
Mehr für mich
Mehr für alle
Mehr Liebe, Frieden und Glück
Was du gibst kommt zu dir zurück.

Der Glaube daran

Ich glaube da an etwas,
an die Liebe und die Moral.
Viel hatte ich zu leiden,
oft war das Leben eine Qual,
doch ich durchschaue es wie Glas.
Helligkeit finden und Dunkelheit vermeiden.

Ich glaube da an etwas,
an dich und mich,
ich bin besonders und du unglaublich.
Wenn ich mich deiner Liebe durchfluten lass,
dann wächst die Stärke in mir
und so ist es auch bei dir.

Ich weiß da was.
Glücklich zu sein,
ist, weiß Gott, nicht leicht.
Ich spüre die Melodie der Liebe und Ihren tiefen Bass.
Lässt man die Liebe in sein Herz hinein,
Hat man im Leben schon viel erreicht.

Ich sehe da etwas.
Der Blick in alle Zeiten,
Zukunft, Vergangenheit und Gegenwart.
Ich möchte so wie mir auch dir bereiten,
ein Stück deines Glücks zu sein.
Zusammen ist man immer stärker und das Leben ist hart.

Hals über Kopf

So beginnt meistens die zwischenmenschliche Leidenschaft
Doch hier haben diese drei Wörter eine andere Bedeutung
Hals über Kopf an der Wand des Lebens gelehnt
Stehe ich hier
Eine ganz andere Sicht auf die Dinge hatte ich schon immer
Ich habe andere Quellen für meine Kraft

Bessere doch oft mit zu wenig Schwung
In die „richtige Richtung“
Meine andere Welt erscheint unmöglich schier
Doch die innere Richtung verliere ich nimmer
Auch wenn ich der Welt die Hand schüttle
Tu ich dies doch nur damit der Kopf mir nicht von Hals fällt
Und ich leben kann.

Lechzen nach gemeinsamen Träumen

Genauso soll es sein
Die Welt läuft in unserem Tempo
Tag für tag
Die Welt ist mein und dein
Mit ihren/unseren Gesetzen
Jeder wie er es vermag
Unseren Träumen hinterher lechzen

Jeder ist ein Wandersmann
Sucht das weite in den Bergen
Oder wendet sich der Menschenliebe zu
Geht zu Tal
Jeder wie er es braucht und kann
Manchmal liegen auf dem Weg statt Federn Scherben
Wir reichen uns die Hand denn gemeinsam sind wir mehr als ich und du
Jeder hat die Wahl
Auch ich Esel der ich bin
Tag für Tag,
Lechzen nach gemeinsamen Träumen.

Der Schatten

Jeden Menschen begleitet er
Er lebt um sie herum
So gegenstandslos und nicht schwer
Er hinterlässt keine Spuren
Ihn gibt es schon länger als das Altertum
Klebt an uns wie Teer
Er begleitete Menschen egal wohin sie gingen oder fuhren
Nicht oberflächlich, sondern fair
Auf Böden und Häuserwänden
Ein Kind der Sonne
Draußen, drinnen und in dir
Ein Theaterstück mit Händen
Schrecken in mir
Welche natürliche Treue
Er trägt deinen Kummer
Damit man sich über sonnige Tage freue.

Kalter Wind

Der kalte Wind entreißt den Bäumen, die immer wieder neu gefangenen Regentropfen mit fester Hand.
Der vor kurzem noch vom Sandstaub benebelte Weg zieht sich nun wie ein Moor, als könnte man darin versinken, vor mir her.
Die fallenden Wasserperlen zerschlagen die Oberflächen der schlammigen Pfützen und schaffen so einen kurzen Moment der Klarheit.
Ich spüre in der Atmosphäre eine Verschwörung eine gemeinsame Kraft, die bittend gen Himmel schreit, nur um einen kleinen glänzenden Sonnenstrahl erhaschen zu dürfen.

Mit lautloser Gewalt reißt die Weltendecke auf und ein Licht, voller Hoffnung auf mehr, gleitet wie eine lockende goldene Hand, uns empor, mit sich zu geleiten.
Wo eine graue Wand undurchdringbar schien, lernen wir nun in einem gleißenden Saal, durchs Leben zu fliegen.
Den Wolken so nah, im Strudel der Glückseligkeit gefangen, sehen wir zur Erde herab, entdeckend-vergessend, taumelnd-trunken, landen wir so leicht und weich als hätten uns Engel getragen.
Wir schauen uns in die Augen, fühlen das Pochen des Verstandes unserer Herzen und sagen nun wir haben gelebt und lieben einander für den Rest unseres Lebens.

MIX
Papier aus verantwortungsvollen Quellen
Paper from responsible sources
FSC® C105338

Printed by Books on Demand GmbH, Norderstedt / Germany